Social-Media-Marketing der Hochschule Heilbronn. Nutzung der Sozialen Netzwerke

Endrit Zena

Bibliografische Information der Deutschen Nationalbibliothek:

Die Deutsche Nationalbibliothek verzeichnet diese Publikation in der Deutschen Nationalbibliografie; detaillierte bibliografische Daten sind im Internet über http://dnb.d-nb.de abrufbar.

ISBN: 9783346497352
Dieses Buch ist auch als E-Book erhältlich.

© GRIN Publishing GmbH
Nymphenburger Straße 86
80636 München

Druck und Bindung: Books on Demand GmbH, Norderstedt Germany
Gedruckt auf säurefreiem Papier aus verantwortungsvollen Quellen

Das Buch bei GRIN: https://www.grin.com/document/1128024

Hochschule Heilbronn

Fakultät für Management und Vertrieb

Studiengang: Management und Vertrieb: Handel

Social-Media-Marketing durch die Sozialen Netzwerke in Bezug auf die Hochschule Heilbronn

Hauptseminar Vertriebsmanagement

im Sommersemester 2021

vorgelegt von

Endrit Zena, MVH, 6. Semester

Korb, 23. September 2021

Inhaltsverzeichnis

Abbildungsverzeichnis

Tabellenverzeichnis

Abkürzungsverzeichnis

Abb.	Abbildung
App.	Application
CAU	Christian-Albrechts-Universität zu Kiel
HHN	Hochschule Heilbronn
k.A	keine Angaben
KLU	Kühne-Logistics-University
Mrd.	Milliarden
SM	Social Media
SMM	Social-Media-Marketing
SMM-Konzept	Social-Media-Marketing Konzept
usw.	und so weiter
UGC	User-Generated-Content

1 Einleitung

1.1 Problemdefinition

Das Social Media (SM) gewinnt immer mehr an Popularität in der heutigen Gesellschaft und ist kaum noch wegzudenken, so ist knapp die Hälfte der deutschen Gesamtbevölkerung (45%) auf den sozialen Medien vertreten. Nutzer/-innen besitzen dabei durchschnittlich 5,9 Accounts auf verschiedene soziale Netzwerke, welche täglich bis zu 1 Stunde und 19 Minuten genutzt werden.[1] Social-Media-Plattformen ermöglichen den Menschen in kürzester Zeit persönliche Eindrücke oder alltägliche Geschehnisse öffentlich oder privat mit anderen Menschen zu teilen.[2] Gerade bei der jüngeren Zielgruppe wird dies immer mehr akzeptiert. Laut dem statistischen Bundesamt liegt die Nutzung von sozialen Netzwerken für die private Kommunikation in der Altersgruppe von 16 bis 24 Jahren für das Jahr 2020 bei 89%.[3] Besonders in dieser Altersspanne befinden sich viele junge Menschen, die sich nach ihrem Schulabschluss für ein Studium interessieren und sich dabei von einer Vielzahl von Studiengängen und Hochschulen entscheiden müssen.[4] Durch die Reform des Bologna-Prozesses sollen Interessierende mehr Auswahlmöglichkeiten haben, wo sie studieren möchten. Infolge dieser Reformen müssen sich die Universitäten auf einen stärkeren Wettbewerb im Umgang mit und in der Kommunikation mit Studenten einstellen. Das Internet, insbesondere soziale Medien, sind seit vielen Jahren mit kontinuierlicher Steigerung das am häufigsten verwendete Informationsmedium. Der Einsatz von sozialen Medien als Marketingzweck zur Rekrutierung von neuen Studierenden ist demnach gut zu begründen.[5] Soziale Medien haben Unternehmen, Universitäten, Hochschulen und andere Organisationen in der Werbebranche vor neuen Herausforderungen gestellt. Für Bildungseinrichtungen wie die Hochschule Heilbronn (HHN) bieten soziale Medien auch viele neue Möglichkeiten zur Interaktion mit potenziellen Studierenden, insbesondere als Marketingplattform. Aufgrund der Vielfalt der Social-Media-Kommunikation und der Werbemöglichkeiten, spielt insbesondere die Inhaltsgestaltung kommerzieller Werbung eine wichtige Funktion bei der Verbesserung der Effektivität von Werbung in sozialen Netzwerken.[6] Grundsätzlich stellt sich hier das wesentliche Problem, wie ein gutes Social-Media-Marketing-Konzept (SMM-Konzept) für die HHN aussehen könnte, um eine möglichst große Masse an potenziellen Studenten auf

---

[1] Vgl.Jechorek, J., Neue Daten: Statistiken zur Social-Media-Nutzung in Deutschland (Internetquelle), 2021, Stand: 02.04.2021.
[2] Vgl. Klimczak, P./Petersen, C./Breidenbach, S. (2020), S. 26.
[3] Vgl. Statistisches Bundesamt, Personen mit Internetaktivitäten zu privaten Zwecken nach Alter (Internetquelle), 2020, Stand: 03.04.2021.
[4] Vgl. Beißwenger, M./Knapp, M. (2019), S. 360 f.
[5] Vgl. Csanyi,G/Reichl, F/Steiner,A. (2012), S. 335 f.
[6] Vgl. Lenzen, S. (2019), S. 1.

Sozialen Netzwerken zu erreichen, für sich zu gewinnen und sich gleichzeitig von anderen Hochschulen abzuheben.

1.2 Zielsetzung

Das wesentliche Ziel dieser wissenschaftlichen Arbeit ist das Herausarbeiten von Einsatzmöglichkeiten, Potenzialen und Perspektiven von SM als Marketingzweck für die Gewinnung von potenziellen Studenten für die HHN. Diesbezüglich setzt sich diese Arbeit mit der Thematik auseinander, inwiefern die HHN aktuell bereits die Social-Media-Kanäle nutzt und welchen Beitrag das Social-Media-Marketing (SMM) zur Verwirklichung der strategischen Ziele der Hochschule, besonders des Studierendenmarketings, leisten kann.[7] Auf dem Weg dahin werden essenzielle Begriffe konkretisiert und deren Fähigkeiten aufgezeigt. Des Weiteren sollen im Bereich SM speziell die Möglichkeiten der Sozialen Netzwerke für die HHN aufgezeigt werden. Im zunehmenden Wettbewerb ist der Aufenthalt auf sozialen Medien für die Gewinnung neuer Studenten unverzichtbar. Um dieses Ziel zu erreichen, wird mithilfe eines Fragebogens und die derzeitige Social-Media-Nutzung der aktuelle Ist-Zustand ermittelt.

2 Die Grundlagen des Social-Media-Marketings

Die direkte Kommunikation mit potenziellen Studenten ist entscheidend, um sie von den angebotenen Studiengängen zu überzeugen. Seit einigen Jahren steht neben der herkömmlichen Studienberatung oder Printwerbung auch das SMM zur Verfügung.[8] Angehende Abiturienten, junge Erwachsene sowie generell Studieninteressierte, finden es zunehmend schwieriger, die Masse an Informationen von Studienangeboten zu sammeln und gegeneinander abzuwägen. Um die Entscheidungsfindung der Interessierten zu vereinfachen, ist die Zurverfügungstellung von wichtigen Informationen eine grundlegende Aufgabe der Hochschulen. Bildungseinrichtungen bieten zu diesem Zweck eine breite Palette an Informationen auf ihren Webseiten an. Studierende, Professoren, Dozenten sowie das gesamte Erscheinungsbild der Hochschule und seines Standortes sind essenzielle Kriterien bei der Entscheidung des Studiums.[9] Um nun die Bedeutung von SMM zu verstehen, werden zunächst im folgenden Teilbereich dieser Ausarbeitung die Grundlagen von wichtigen Determinanten erklärt.

---

[7] Vgl. Csanyi, G/Reichl, F/Steiner A. (2012), S. 336.
[8] Vgl. Bildungsweb Media GmbH, Social Media Marketing für Hochschulen (Internetquelle) 2011, Stand: 05.04.2021.
[9] Vgl. Barton, T./Müller/Seel, C. (2019), S. 42.

2.1 Begriffserklärung Social Media

Ein immer stärker werdender Bestandteil dieser digitalen Revolution und gleichzeitig ein Teilbereich des Internets ist das Social Media. Ähnlich wie bei anderen jungen Phänomenen hat der Begriff selbst keine akzeptierte Definition. Im Gegenteil, Expertenautoren verwendeten unterschiedliche Methoden, um unterschiedliche Beschreibungen zu erstellen. Vorweg ist zu erwähnen, dass der hier diskutierte Begriff „soziale Netzwerke" nicht synonym mit sozialen Medien verwendet werden darf (nähere Erläuterung dazu in Kapitel 2.3).[10] Johann Michael definiert Social Media als das gesamte Web 2.0, basierend auf interaktivem Informationsaustausch und einer ständig weiterentwickelten und unverwechselbaren Online-Plattform. Benutzer/-innen vernetzen sich und kommunizieren miteinander, erstellen und verteilen Inhalte mit anderen.[11] Daher gilt SM heute als Kommunikationsinstrument, das den direkten und zufälligen Austausch zwischen mehreren Parteien realisieren kann und sich in diesen Aspekten genau von den herkömmlichen Medien unterscheidet.[12] Hier werden Kommunikationsmittel wie Text, Bilder, Video- oder Audioelemente verwendet. Diese persönlich erstellten Inhalte werden auch als User-Generated-Content (UGC) bezeichnet. Bei diesen UGC handelt es sich in erster Linie um eigenständig erstellte Inhalte, die im Internet öffentlich geteilt werden.[13] Das SM wird sowohl für private als auch öffentliche Zwecke genutzt, bspw. für die Verbreitung digitaler Werbung/Verkaufsförderung oder die Interaktion mit Verbrauchern im Rahmen des Kundendienstes.[14]

2.2 Begriffserklärung Social-Media-Marketing

Das SMM hat bei der privaten Nutzung von Sozialen Netzwerken im engeren Sinne eine grundlegend andere Funktion und wird hierbei unterschieden. Im Wesentlichen liegt der Fokus einer Privatperson bei der Nutzung von sozialen Netzwerken auf dem Aufbau von Beziehungen zu Freunden, Verwandten und Bekannten und das unstrukturierte veröffentlichen von Beiträgen, Fotos oder Videos. Im Gegenzug zur privaten Nutzung sollte das SMM mit einem strategischen Ansatz erfolgen.[15] Im Rahmen des SMM versuchen Hochschulen und Universitäten SM zu nutzen, um ihre Hochschulmarketingziele zu erreichen.[16] In den Anfängen des SMM wurde dies als eine Form des Online-Marketings definiert, das darauf abzielt, Marketing- und Vertriebsziele durch die Teilnahme an einem oder mehreren sogenannten Social-Media-Angeboten zu erreichen. Allerdings kam die schnelle

---

[10] Vgl. Kreutzer, R. T. (2018), S. 61.
[11] Vgl. Johann, M. (2020), S. 65.
[12] Vgl. Lenzen, S. (2019), S. 17.
[13] Vgl. Gabriel, R./Röhrs, H.P. (2017), S. 13.
[14] Vgl. Lenzen, S. (2019), S. 18.
[15] Vgl. Praetorius, M. Wie geht Social Media Marketing? – Ziele, Methoden und Quick Wins, (Internetquelle) 2019, Stand: 16.04.2021.
[16] Vgl. Kreutzer, R.T./Rumler, A./Wille-Baumkauff, B. (2020), S. 236.

Erkenntnis, dass SMM nicht in erster Linie nur ein Vertriebskanal ist und lediglich diese Ziele allein verfolgt.[17] So ist das SMM heute das gezielte Marketing durch die Nutzung von sozialen Netzwerke, welches den Hochschulen ermöglicht, durch gezielte Marketingmaßnahmen eine breite Masse an möglichen Studenten anzusprechen, welche über die klassischen Werbekanäle nicht zu erreichen wären. Letztendlich geht es hierbei nicht nur um die Vermarktung des Studienganges, vielmehr geht es auch hier um die Bildung eines positiven Images der Hochschule.[18] Wichtiger Aspekt dabei ist es eine breite Community anzusprechen, in denen viele junge Menschen aufeinandertreffen. SMM ist daher eine Charakteristik des Internets, welches sich auf die Marketing-Aktivitäten innerhalb sozialer Netzwerke bezieht.[19]

2.3 Social-Media-Plattformen im Überblick

Als „Social-Media-Plattform" werden virtuelle soziale Netzwerke wie Facebook, Instagram, TikTok, Twitter oder Xing im Internet bezeichnet, die sowohl dem Informationsaustausch als auch Beziehungsaufbau dienen. Benutzer/-innen können in Online-Communities beitreten, Beziehungen zu Geschäftspartnern bzw. Privatpersonen aufbauen und erweitern sowie Gleichgesinnte finden, mit denen sie sich verbinden und mit ihnen in Kontakt bleiben können.[20] Die Benutzer können auf einer solchen Plattform ein Profil mit persönlichen Angaben wie bspw. Hobbys, Alter oder Beruf erstellen.[21] In dieser Arbeit werden nur die wichtigsten Social-Media-Plattformen, gemessen an der Anzahl ihrer Nutzer weltweit, dargestellt. Unter den größten sozialen Netzwerken-Rankings gemessen an der Anzahl der Nutzer, belegte der blaue Gigant Facebook im Januar 2021 mit rund 2,74 Milliarden (Mrd.) aktiven Nutzern den ersten Platz weltweit.[22]

---

[17] Vgl. Lammenett, E. (2019), S. 45.
[18] Vgl. ebenda, S. 427.
[19] Vgl. Ceyp, M./Scupin, J.-P. (2013), S. 197 f.
[20] Vgl. Kreutzer, R.T. (2019), S. 169.
[21] Vgl. Statista Research Department, Statistiken zum Thema Soziale Netzwerke (Internetquelle), 2020, Stand 18.04.2021.
[22] Vgl. Statista Research Department, Social Networks mit den meisten Nutzern weltweit 2021 (Internetquelle), 2021, Stand: 18.04.2021.

Abbildung 1: Ranking der größten Social Networks und Messenger nach der Anzahl der Nutzer im Januar 2021[23]

3 Social-Media-Marketing und die Hochschule Heilbronn

3.1 Ziele des Social-Media-Marketings

Das hauptsächliche Ziel von Unternehmen bei der Nutzung von Marketing ist grundsätzlich immer eines: mehr Umsatz generieren. SMM eignet sich jedoch nur in sehr begrenztem Umfang zur direkten Umsatzsteigerung. Oftmals wird die Umsatzsteigerung indirekt durch Banding-Effekte gewonnen. Viele andere Ziele, die das SMM fördern kann, werden oftmals nicht wahrgenommen und dementsprechend nicht berücksichtigt. Ein häufiger Fehler von Unternehmen bei der Nutzung von SMM ist die Konzentration nur auf die taktischen Aspekte von SMM, ohne zuvor die strategischen Aspekte wie z.B. eigenes Know-How, Zielgruppenanalyse oder auch Richtlinien des Unternehmens zu analysieren.[24] Obwohl Hochschulen aus wirtschaftlicher Sicht einem Dienstleistungssektor ähneln, ist das Hochschulmarketing allerdings nicht aus ökonomischer Sicht zu verstehen. Der Zweck der Hochschulen ist der Bildungsauftrag oder der vom Gesetzgeber festgelegte Zweck und nicht die Realisierung von Geldleistungen. In diesem Zusammenhang muss die Marketingstrategie des Hochschulsektors anders gesehen werden. In diesem Fall richtet sich das Marketing auf Studenten, Alumni und so weiter (usw.). In dieser Studie bezieht sich der Begriff Marketing hauptsächlich auf potenzielle Studenten.[25] Im Folgenden werden Social-Media Ziele aufgezählt, die eine nennenswerte Rolle im SMM für die HHN haben.[26]

---

[23] Vgl. Statista Research Department, Social Networks mit den meisten Nutzern weltweit 2021 (Internetquelle), 2021, Stand: 18.04.2021.
[24] Vgl. Lammenett, E. (2019), S. 429.
[25] Vgl. Csanyi, G./Reichl, F/Steiner A. (2012), S. 336 ff.
[26] Vgl. Kreutzer, R. T. (2019), S. 162.

5

Ziele

- Interaktionen mit Bewerbern
- Überregionale Sichtbarkeit
- Aufmerksamkeit und Interesse
- Steigerung der Bekanntheit der Marke/des Angebotes
- Akquisition neuer Studierender
- Attraktive Hochschule
- Talente frühzeitig binden
- Verbesserung des Images

Abbildung 2: Mögliche Ziele für das Social-Media-Marketing[27]

3.2 Ist-Analyse: HHN auf den sozialen Medien

Um genauere Erkenntnisse über den aktuellen Stand der Nutzung von Social-Media-Plattformen der HHN im Überblick zu stellen, wurde in dieser Studienarbeit eine Ist-Analyse auf den sozialen Netzwerken durchgeführt. Die Ist-Analyse ist ein Ausdruck im Projektmanagement. Sie stellt die Phase des Prozessmodells dar, mit der die aktuelle Situation objektiv identifiziert wird. Der erste Schritt der Hauptinspektion besteht darin, Informationen und Daten aus über den Inspektionsbereich zu sammeln. Alle Informationen, die helfen, die aktuelle Situation konkret anzuzeigen sind relevant. Die von der ursprünglichen Umfrage gesammelten Daten beschreiben die Ausgangssituation im Detail und bilden die Grundalge für anschließende Zielkonzeptionen. [28]

In der folgenden Abbildung (Abb. 3) wird die Ist-Situation der HHN abgebildet. Aus der Abbildung sind die weltweit größten Social-Media-Plattformen dargestellt (Kapitel 2.3), auf welchen die HHN aktuell aktiv ist. Als Ausgangsbasis werden die Plattformen nach Follower (engl. für Abonnenten), Beiträgen bzw. Posts und der Status (aktiv bzw. inaktiv) untersucht.

---

[27] Vgl. Csanyi, G./Reichl, F./Steiner A. (2012), S. 347.
[28] Vgl. Bundesministerium des Innern, für Bau und Heimat, Ist-Erhebung (Internetquelle) 2018, Stand: 20.04.2021.

	Follower	Beiträge/Posts	Status
LinkedIn	14.087	k.A	Aktiv
Facebook	10.179	k.A.	Aktiv
Instagram	3.596	178	Aktiv
Xing	1.713	23	Inaktiv
YouTube	694	112	Aktiv
Twitter	373	3	Inaktiv
TikTok	k.A	k.A.	Inaktiv
Snapchat	k.A	k.A	Inaktiv

Tabelle 1: Social Media Plattformen der HHN im Überblick[29]

Aus der Untersuchung ist zu entnehmen, dass die HHN im Wesentlichen aktiv auf den bekanntesten Plattformen ist. Betrachtet man die Follower Anzahl ist LinkedIn mit Abstand an erster Stelle, dicht gefolgt von Facebook mit 10.179 Followern. An dritter Stelle ist die HHN auf Instagram mit 3.596 Abonnenten aktiv. Die Ergebnisse zeigen allerdings auch, dass die HHN bei den Top fünf Plattformen auf zwei Netzwerken aktiv/inaktiv ist (LinkedIn & Xing), welche von den meisten Jugendlichen weniger bis gar nicht beliebt sind. Die JIM-Studie aus 2020 des Medienpädagogischen Forschungsverbundes Südwest verdeutlicht, dass die beliebtesten Internetangebote bei der Basisuntersuchung zum Medienumgang zwischen 12 bis 19-Jährigen keines dieser beiden Plattformen genannt wird.[30]

3.3 Online-Befragung

Innerhalb der empirischen Sozialforschung gehören die Befragungen zu den am häufigsten genutzten Formen der Datenerhebungen. Nach Peter Atteslander ist eine Online-Befragung eine spezifische Erhebung von Daten, da die Befragten nur durch den Zugriff des Internets den Fragebogen ausfüllen können.[31]. In dieser Arbeit wurde sich für einen standardisierter Fragebogen entschieden, welcher mit Hilfe einer Online Plattform beantwortet werden kann. [32] Um genauere Erkenntnisse über die Social-Media-Präsenz der HHN zu gewinnen, wurde mithilfe von aktuellen Studierenden diese Online-Umfrage durchgeführt. Bei der Umfrage nahmen insgesamt 38 Studenten teil. Davon waren 21 Teilnehmer männlich und 17 weiblich.

---

[29] Eigene Darstellung durch Datenerhebung der HHN (Internetquelle). 2021, Stand: 22.04.2021.

[30] Vgl. Medienpädagogischer Forschungsverbund Südwest, JIM-Studie 2020 (Internetquelle) S. 37, Stand: 22.04.2021.
[31] Vgl. Atteslander (2010), S. 109.
[32] Vgl. Bortz/Döring (2006), S.236.

Die Teilnehmer waren zwischen 18 und 27 Jahren, welches einen Altersdurchschnitt von 22,45 Jahren ergab.

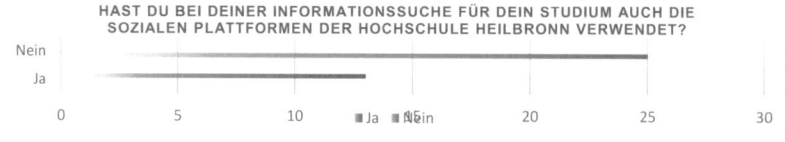

Abbildung 3: Informationssuche auf den Plattformen der HHN[33]

Die Absicht dieser Fragestellung war es, einen kurzen und schnellen Überblick zu verschaffen, ob die Studenten für ihr Studium an der HHN auch die sozialen Netzwerke verwendet haben. Aus den Ergebnissen ist eindeutig zu erkennen, dass große Mehrheit der Teilnehmer mit „Nein" geantwortet haben.

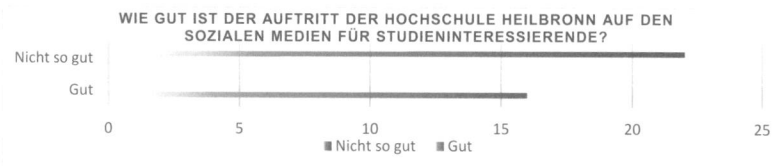

Abbildung 4: Präsenz für Studieninteressierende[34]

In der zweiten Frage, wird erforscht, ob die aktuelle Social-Media Präsenz interessant genug für neue Studenten ist. Auch hier ist eine relativ eindeutige Meinung zu erkennen. 22 Studierende haben mit „Nicht so gut" geantwortet, wobei 16 Teilnehmer den Auftritt der HHN für „Gut" empfinden.

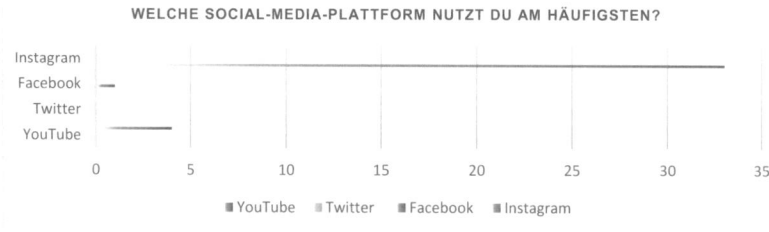

Abbildung 5: Bevorzugte der Social-Media-Plattformen der Studierenden[35]

---

[33] Quelle: Eigene Darstellung mit erhobenen Daten.
[34] Quelle: Eigene Darstellung mit erhobenen Daten.
[35] Quelle: Eigene Darstellung mit erhobenen Daten.

Die letzte Frage soll einen Überblick geben, welche Social-Media-Plattform der/die Teilnehmer/in am häufigsten nutzt. Die Ergebnisse dieser Frage waren eindeutig. Von den 38 Studierenden haben sich 33 für Instagram entschieden. Nicht unerwartet, dass der Abstand zu Facebook und Co. so groß sein könnte.

3.4 Social-Meda-Marketing Konzepte für die HHN

Obwohl bestimmte Social-Media-Marketing-Strategien in allen Produkt- und Dienstleistungskategorien gleich sind, haben frühere Untersuchungen gezeigt, dass Hochschulen und Universitäten bestimmte Konzepte haben, um Zielgruppen anzulocken. Im Folgenden werden SMM Konzepte vorgeschlagen, die für die HHN als Strategien anwendbar sind, um zukünftige Studierende besser zu werben.[36]

3.4.1 Beitrag zum Inhalt

Eine häufig verwendete Strategie, die auf den markeneigenen Social-Media-Kanälen genutzt wird, ist das Veröffentlichen von inhaltlichen Posts des Publikums auf den eigenen Social-Media-Kanälen. Die Bezeichnung (UGC) sind wie in Kapitel 2.1 erläutert, erstellte Inhalte auf sozialen Medien, die nicht von der Marke selbst veröffentlicht werden. Durch das Posten von Beiträgen bspw. von Studierenden, die eine Instagram Story von der Hochschule machen während dem Aufenthalt und in ihrer Story die HHN verlinken, kann die HHN diese in ihre eigene Instagram Story veröffentlichen. Durch die direkten Interaktionen entstehen persönliche Beziehungen. Des Weiteren wird durch die Verlinkung der Hochschule auch gleichzeitig eine größere Reichweite der einzelnen Studierenden generiert, die evtl. an Interessierende gehen. Gerade das soziale Netzwerk Instagram, wie die Online-Umfrage dies auch bestätigt, wird von den Studierenden am häufigsten genutzt und ist vor allem beim Erstellen von Storys sehr beliebt.[37]

3.4.2 App

Neben Beiträgen auf Instagram nutzen deutsche Hochschulen wie die Kühne Logistics University (KLU)[38] oder die Christian-Albrechts-Universität zu Kiel (CAU)[39] das Informationsfeld oben auf ihrer Homepage, um Menschen für verschiedene Dienste wie Apps (Applications) aufmerksam zu machen. Mit der App „Ask a Student" bieten die jeweiligen Hochschulen den Interessierenden die Möglichkeit über einen Formular mit verschiedenen Studenten Kontakt aufzunehmen und mit ihnen über ihre Studiengängen, Werdegängen und

---

[36] Vgl. Peruta, A./Shields, A.B. (2018), S. 175 f.
[37] Vgl. ebenda, S. 180.
[38] Vgl. Kühne Logistics University, Ask a Student (Internetquelle) 2020, Stand: 23.04.2021.
[39] Vgl. Christian-Albrechts-Universität zu Kiel, Ask a student (Internetquelle) 2020, Stand: 23.04.2021.

9

Tipps zu schreiben. Interessierende können dabei die Gelegenheit nutzen, sich mit erfahrenen Studenten auszutauschen und Fragen zu den verschiedensten Themen zu stellen. Für viele ist das eine hervorragende Möglichkeit Studierende direkt zu befragen, um so einen ersten Einblick zu erhalten, wie das tatsächliche Hochschulleben ist.[40] Die HHN nutzt ähnliches, und zwar nennt sich das „Yammer". Yammer ist ein privates soziales Netzwerk, welches innerhalb der HHN genutzt werden kann. Der Zugriff auf das Netzwerk wird nur internen Studierenden der HHN gewährt, welche sich mit ihren genehmigten E-Mail-Adressen der Hochschule anmelden können. Yammer funktioniert quasi wie die gängigen Plattformen. Studierende können sich zu Themen, Ideen & Projekten austauschen. Geteilte Inhalte teilen & kommentieren, Beiträge erstellen, antworten & liken.[41] Allerdings sind bei diesem sozialen Netzwerk zwei Problematiken zu erkennen. Zum einen wird auf den bekannten Plattformen kaum Marketing betrieben, um den Studierenden das Netzwerk vorzustellen. Zum anderen ist das ein internes Netzwerk, welches den Zugang von Yammer nur für Studierende zulässt. Beim Zugang für Interessierende, ähnlich wie bei Ask a Student, hätten diese einen guten Einblick durch die derzeitigen Studierenden in das Hochschulleben bekommen und könnten dadurch in Interaktionen mit Studenten eintreten, die die HHN nach außen präsentieren.

3.4.3 Den Trends hinterher

Aus den Ergebnissen der Online-Umfrage filtert sich die Erkenntnis, dass sich die HHN für die Rekrutierung von Studierenden auf Instagram fokussieren sollte. Instagram ist bei vielen jungen Menschen deshalb so angesehen, da immer wieder neue erfrischende Trends zu sehen sind, die besonders schnell beim jungen Publikum an Beliebtheit gewinnen. Instagram hat auf seiner Plattform den großen Vorteil, dass wenig Text und vor allem die Bilder und Videos (eine Minute) in Großformate im Display herausstechen. Das hat den Effekt, dass Nutzer/-innen eher geneigt sind ein Post anzuschauen als lange Texte zu lesen.[42] Im Folgenden werden Trends für die HHN vorgeschlagen, die zukünftig stärker als potenzielle Strategien dienen könnten. Trends kommen und gehen, deshalb ist es immer wichtig auf den neuesten Stand zu sein, um im Vergleich und im Auftreten positiv herauszustechen.

[40] Vgl. Richter, C./ Dunkhase, P. Bildungsweb Media GmbH, Social Media Marketing für Hochschulen (Internetquelle) 2013, Stand: 23.04.2021.
[41] Vgl. AStA Hochschule Heilbronn, Yammer – Unser Netzwerk (Internetquelle) 2020, Stand: 23.04.2021.
[42] Vgl. Milz, A., What´s next? Instagram Marketing Trends 2020 (Internetquelle) 2020, Stand 23.04.2021.

- Erhöhte Popularität bei Instagram Stories
- Konzentration auf starken Video-Content mit IGTV oder Reel
- Kombination bei der Nutzung von anderen Plattformen bspw. Instagram/Facebook, Instagram/Tik Tok
- Mit Instagram Live gehen bspw. im Campus während einer Veranstaltung, Zuschauern vermitteln live dabei zu sein
- Instagram-Highlights aufbauen (Ansammlung von Stories, die in einem Highlight zu sehen sind, auch wenn die Storie älter ist als 24 Stunden
- Humor ins Spiel bringen bspw. durch Memes

Abbildung 6: Den Trends hinterher[43]

4 Ausblick und Fazit

Das Ziel dieser Arbeit war es, neben der einleitenden Forschungsfrage wie ein potenzielles SMM Konzept für die HHN aussehen könnte auch die Einsatzmöglichkeiten, Potenzialen und Perspektiven des SMM bei der Rekrutierung von potenziellen Studenten vorzustellen. Infolgedessen wurde ein näherer Einblick in die Welt des Social Media gegeben. Nachdem auf die immer weiter steigende Anzahl der Nutzer von sozialen Netzwerken eingegangen ist, wurde mithilfe einer Online-Umfrage ein Abgleich der aktuellen Studierenden der HHN im direkten Vergleich zum Ranking geschaffen, welches sich bestätigt hat. Gleichzeitig konnte ein aktueller Stand der Social Media Präsenz der HHN dargestellt werden. Viele Hochschulen haben erkannt, dass die Plattformen für ihre Marketingzwecke ein großes Potenzial besitzen, um mit Interessierenden in direkten Kontakt zu treten. Daraus entwickeln sich verschiedene Potenziale wie auch Einsatzmöglichkeiten, die eingesetzt werden können. Besonders die junge Generation von 16 bis 24 Jahren sind laut dem Statistischen Bundesamt bereits zu fast 100% online unterwegs. Gleichzeitig deutet dies darauf hin, dass die nächste Generation einen hohen Grad an Bereitschaft zeigen ebenfalls auf sozialen Netzwerken aktiv zu sein. Daher sollte die HHN seinen Auftritt in Zukunft zunehmend auf die Social-Media-Plattformen übertragen. Durch die Online-Umfrage konnte aufgedeckt werden, dass sowohl die Social Media Präsenz der HHN und die darauffolgende Informationssuche der Studierenden nicht besonders positiv war. Schlussfolgernd kann daraus beschlossen werden, dass die HHN hier deutlich mehr Aufwand betreiben muss. Mithilfe der aufgeführten Konzepte können die Aktivitäten der Interessierenden auf den Plattformen besonders gesteigert werden.

---

[43] Vgl. Jechorek, J. 10 Instagram-Trends, die Sie 2021 im Blick behalten sollten (Internetquelle) 2021, Stand: 25.04.2021

Literaturverzeichnis

Atteslander, Peter (2010): Methoden der empirischen Sozialforschung, 13. Auflage, Berlin: ESVbasics, 2010

Barton, Thomas /Müller, Christian/Seel, Christian (Hrsg.) (2019): Hochschulen in Zeiten der Digitalisierung: Lehre, Forschung und Organisation,Wiesbaden:Springer, 2019

Beißwenger, Michael/Knopp, Matthias (Hrsg.) (De Gruyter Mouton, 2019): Soziale Medien in Schule und Hochschule: Linguistische, sprach- und mediendidaktische Perspektiven, in: Zeitschrift für Angewandte Linguistik Band 73 Heft 1 (2019), S. 357-362

Bortz, Jürgen/Döring, Nicola (2016): Forschungsmethoden und Evaluation in den Sozial- und Humanwissenschaften, 5 Auflage, Berlin & Heidelberg: Springer 2016

Ceyp, Michael/Scupin. Juhn-Peter (2013): Erfolgreiches Social Media Marketing – Konzepte: Maßnahmen und Praxisbeispiele, Wiesbaden: Springer, 2013

Csanyi Gottfried/Reichl Franz/Steiner Andreas (Hrsg.) (2012): Digitale Medien - Werkzeuge für exzellente Forschung und Lehre, Band 61, Münster: Waxmann, 2012

Gabriel, Roland/Röhrs, Heinz-Peter (2017): Social Media – Potenziale, Trends, Chancen und Risiken, Berlin: Springer, 2017

Johann, Michael (2020): Dialogorientierte Unternehmenskommunikation in den sozialen Medien: Langfristige Entwicklungen und Einflüsse auf organisationale Beziehungen, Wiesbaden: Springer, 2020

Klimczak, Peter/Petersen Christer (Hrsg.)/Breidenbach, Samuel (2020): Soziale Medien: Interdisziplinäre Zugänge zur Online-Kommunikation, Wiesbaden: Springer 2020

Kreutzer, Ralf T. (2018): Social-Media-Marketing kompakt – Ausgestalten, Plattformen finden, messen, organisatorisch verankern, Wiesbaden 2018

Kreutzer, Ralf T./Rumler, Andrea/Wille-Baumkauff, Benjamin (2020): B2B-Online-Marketing und Social Media: Handlungsempfehlungen und Best Practices, 2. Auflage, Wiesbaden: Springer, 2020

Lammenett, Erwin (2019): Praxiswissen Online Marketing: Affiliate-, Influencer-, Content- und E-Mail-Marketing, Google Ads, SEO, Social Media, Online- inklusive Facebook-Werbung, 7 Auflage, Wiesbaden: Springer, 2019

Lenzen, Sandra (2019): Der Einfluss der Werbespotgestaltung auf das Social Media Engagement von Konsumenten: Eine Multilevel-Analyse und Lebenszyklus-Betrachtung am Beispiel von YouTube, München: Springer, 2019

Peruta, Adam /Shields, Alison B. (SREH 2018): Marketing your university on social media: a content analysis of Facebook post types and formats, in: Journal of Marketing for Higher Education Band 28, Heft 2 (2018), S. 175-191

Elektronische Quellen

AStA Hochschule Heilbronn (2020): Yammer – unser Netzwerk, in: https://bit.ly/3nErls8 (Stand: 23.04.2021)

Bildungsweg Media GmbH (2013): Social Media Marketing für Hochschulen –Nutzung verschiedener Social-Media-Kanäle für die Ansprache von potentiellen Studenten, in: https://bit.ly/3xwVFtd (Stand: 05.04.2021)

Bundesministerium des Innern, für Bau und Heimat (2018): Ist-Erhebung, in: https://bit.ly/3xAUpp1 (Stand.20.04.2021)

Christian-Albrechts-Universität zu Kiel (2020): Ask a student: Studieren probieren – zum ersten Mal digital, in: https://bit.ly/3vprYZd (Stand: 23.04.2021)

Eigene Darstellung durch Datenerhebung der HHN (2021): Xing, LinkedIn, Facebook, Instagram, Twitter, in: https://bit.ly/3nAdoeO , https://bit.ly/2Rc1jjv , https://bit.ly/2PyA4zj , https://bit.ly/3vqw5Eg , https://bit.ly/3aOq8sX (Stand: 22.04.2021)

Jechorek, Janina. Hubspotdacht (2021): 10 Instagram-Trends, die Sie 2021 im Blick behalten sollten, in: https://bit.ly/3aMrhkA (Stand: 25.04.2021)

Jechorek, Janina (2021): Neue Daten: Statistiken zur Social-Media-Nutzung in Deutschland, in: https://bit.ly/3t2fUvs (Stand: 02.04.2021)

Kühne Logistics University (2020): Ask a Student Stand, in: https://bit.ly/32XdF1A (Stand: 23.04.2021)

Medienpädagogischer Forschungsverbund Südwest (2020): JIM-Studie 2020 Jugend, Information, Medien, in: https://bit.ly/3gMaO3V (Stand: 23.04.2021)

Milz, Aniko (2020): What´s next? Instagram Marketing Trends 2020, in: https://bit.ly/3gNl3EV (Stand 23.04.2021)

Richter, Constance/Dunkhase, Philip/Bildungsweg Media GmbH (2013): Social Media Marketing für Hochschulen – Die Nutzung von Social-Media-Kanälen an Hochschulen, in: https://bit.ly/2Rc3qDX (Stand: 23.04.2021)

Statistisches Bundesamt (2020): Personen mit Interaktivitäten zu privaten Zwecken nach Alter, in: https://bit.ly/2SetRtt (Stand. 03.04.2021)

Statista Research Department (2020): Statistiken zum Thema Soziale Netzwerke, in: https://bit.ly/3nxGifB (Stand: 18.04.2021)

Statista Research Department (2020): Social Networks mit den meisten Nutzern weltweit 2021, in: https://bit.ly/3u4KZjo (Stand: 18.04.2021)

Praetorius, Michael (2019): Wie geht Social Media Marketing? – Ziele, Methoden und Quick Wins, in: https://bit.ly/3u90aYM (Stand: 16.04.2021)

Anhangsverzeichnis

1.Geschlecht	o Männlich o Weiblich o Divers
2.Alter	o Textfeld
3.Hast Du bei deiner Informationssuche für dein Studium auch die sozialen Plattformen der Hochschule Heilbronn verwendet?	o Ja o Nein
4.Wie gut ist der Auftritt der Hochschule Heilbronn auf den sozialen Medien für Studieninteressierende?	o Gut o Nicht so gut
5.Welche Social-Media-Plattform nutzt Du am häufigsten?	o Instagram o Facebook o Twitter o YouTube